# BEI GRIN MACHT SICH IHR WISSEN BEZAHLT

AF151497

- Wir veröffentlichen Ihre Hausarbeit, Bachelor- und Masterarbeit

- Ihr eigenes eBook und Buch - weltweit in allen wichtigen Shops

- Verdienen Sie an jedem Verkauf

## Jetzt bei www.GRIN.com hochladen und kostenlos publizieren

**Bibliografische Information der Deutschen Nationalbibliothek:**

Die Deutsche Bibliothek verzeichnet diese Publikation in der Deutschen National-
bibliografie; detaillierte bibliografische Daten sind im Internet über http://dnb.d-
nb.de/ abrufbar.

**Impressum:**

Copyright © 2009 GRIN Verlag, Open Publishing GmbH
Druck und Bindung: Books on Demand GmbH, Norderstedt Germany
ISBN: 9783640652242

**Dieses Buch bei GRIN:**

http://www.grin.com/de/e-book/153096/film-und-chaostheorie-analyse-der-
anfangssequenz-von-babel

**Susann Reck**

# Film und Chaostheorie - Analyse der Anfangssequenz von "Babel"

GRIN Verlag

**GRIN - Your knowledge has value**

Der GRIN Verlag publiziert seit 1998 wissenschaftliche Arbeiten von Studenten, Hochschullehrern und anderen Akademikern als eBook und gedrucktes Buch. Die Verlagswebsite www.grin.com ist die ideale Plattform zur Veröffentlichung von Hausarbeiten, Abschlussarbeiten, wissenschaftlichen Aufsätzen, Dissertationen und Fachbüchern.

**Besuchen Sie uns im Internet:**

http://www.grin.com/

http://www.facebook.com/grincom

http://www.twitter.com/grin_com

*Dieser Text wurde erstmals als 45 Minuten langer Vortrag an der Hochschule Offenburg gehalten. Während des Vortrags wurden Screenshots aus dem Film Babel von Alejandro Inarittu gezeigt.*

# Film und Chaostheorie -
# Analyse der Anfangssequenz von *Babel*

## 1. Einführung

Der Film *Babel* ist der letzte Teil einer Trilogie – Amores Perros und 21 Gramm sind die beiden ersten Teile. Babel wurde als Independentproduktion im Jahr 2006 in den USA produziert. Regie hat Alejandro Inarittu geführt, das Drehbuch Guillermo Arriaga geschrieben.

Das Thema meines Vortrages lautet: *Film und Chaostheorie- Analyse der Anfangssequenz von Babel* und ich möchte in dem nun folgenden Vortrag die Story dem Plot gegenüber stellen und anhand der Anfangssequenz des gedrehten Films das Erzählprinzip der multiperspektivischen Struktur darlegen.

Natürlich müssten in diesem Zusammenhang auch Schauspiel, Kamera, Montage und Ton eine entscheidende Rolle spielen. Ich beschränke mich aus Zeitgründen jedoch auf die dramaturgischen Mittel – was ich bedauerlich finde. Gerade die Mischung aus Laienschauspielern und Weltstars in diesem Film wären einen eigenen Vortrag wert.

## 2. *Babel*

Das größenwahnsinnige Projekt des Turmbaus zu Babel endete damit, dass die Menschheit ihre eine, gemeinsame Sprache verlor und in Sprachverwirrung stürzte. Seitdem, es liegt nun schon ein paar tausend Jahre zurück, haben wir Schwierigkeiten uns zu verständigen und zu verstehen.

Konsequent kommentierte Alejandro Inarittu sein Filmprojekt *Babel* denn auch wie folgt:

*„Das Problem sind nicht die neuen, zahllosen Instrumente, die uns zur Verbesserung der Kommunikation zur Verfügung stehen, sondern die Tatsache, dass niemand zuhört. Wenn es nichts zu hören gibt, gibt es auch nichts zu verstehen; wenn wir aufhören zu verstehen, ist unsere Sprache nutzlos und führt letztlich zur Entzweiung.“*[1]

Um diese Entzweiung zu verdeutlichen, wählen der Drehbuchautor Arriaga und der Regisseur des Films Inarittu für *Babel* eine besondere Erzählstruktur. Der Film gilt in der Rezeption als Beispiel für die Postmoderne. [2]

### 3. *Babel* - Story und Plot

Ich erzähle zunächst die Story oder Geschichte von *Babel*. Im Anschluß daran gehe ich auf den Plot ein. Dieses Vorgehen liegt darin begründet, dass sich die Story vom Plot, also dem Handlungsablauf des Films stark unterscheidet – was in diesem Fall auf den Versuch zurück zu führen ist, die Wirklichkeit in ihrer Differenziertheit wahrzunehmen, wie der amerikanische Filmwissenschaftler David Bordwell es ausdrückt.[3]

**Story**
In Marokko schenkt ein japanischer Jäger einem Bergführer sein Gewehr. Dieser verkauft das Gewehr an seinen Nachbarn, der zwei Söhne hat und die mit ihm Schakale erlegen sollen. Die Söhne, die in einem Konkurrenzverhältnis zueinander stehen, probieren das Gewehr aus und streiten sich darum, wie weit es schießen kann und wer der bessere Schütze ist. Deshalb zielen beide auf einen Bus und einer trifft.
Eine Amerikanerin wird angeschossen und lebensgefährlich verletzt. In einem Dorf warten sie und ihr Mann auf medizinische Hilfe während die Suche nach

---

[1] Inarittu Alejandro, Babel, S.279
[2] Bildhauer Kathrin, Drehbuch reloaded, S.173 ff
[3] Bordwell David, Visuell Style in Cinema, S.175 ff

dem Täter beginnt und Amerika Marokko einen terroristischen Anschlag unterstellt.

Zu Hause in San Diego, USA, warten die Kinder des Paares auf die Rückkehr der Eltern. Weil sich diese verzögert, beschließt die mexikanische Kinderfrau, die beiden mit zur Hochzeit ihres Sohnes zu nehmen. Dafür müssen sie die amerikanisch-mexikanische Grenze passieren.

Unterdessen werden in Marokko Nachforschungen über den Ursprung des Gewehres angestellt und die Spur führt zu dem Jäger nach Japan. Dieser hat eine jugendliche Tochter, die taubstumm ist und darunter leidet, aufgrund ihrer Behinderung für die Jungen in ihrem Alter nicht attraktiv zu sein. Auch hat ihre Mutter kürzlich Selbstmord begangen. Der japanische Polizist, der Nachforschungen über das Gewehr anstellen soll, wird in die familiären Probleme mit hineingezogen, letztendlich jedoch kommen sich Vater und Tochter darüber ein Stück weit näher.

In Marokko geht für die Amerikanerin die Geschichte glimpflich aus: sie wird in ein Krankenhaus gebracht und operiert. In den Bergen jedoch kommt es zu einer Tragödie: einer der beiden Söhne kommt beim Schusswechsel mit der Polizei ums Leben. Auch in Mexiko erfährt die Geschichte eine dramatische Wende: Die Rückkehr in die USA nach der Hochzeit endet in einem Fiasko an der Grenze: Der Neffe der Kinderfrau, der diese und die ihr anvertrauten amerikanischen Kinder zurück in die USA bringen soll, dreht durch, rast mit dem Auto unerlaubterweise über die Grenze und setzt alle in der Wüste aus. Zwar werden die Kinder in letzter Minute gerettet, die Kinderfrau jedoch wird von den USA nach Mexiko abgeschoben.


**Plot**

Inarittu und Arriaga erzählen die Story von Babel nach dem Ursache-Wirkungs- Prinzip. Es gibt eine Ursache (der Schuss des marokkanischen Jungen am Anfang), die alles andere nach sich zieht. Allerdings wählen Drehbuchautor und Regisseur für den Filmplot ein achronisches Erzählschema. So wird beispielsweise dem Zuschauer die alles entscheidende Szene, die Schenkung des Gewehres zu Beginn, ganz vorenthalten. Sie wird ausgelassen und erst am Ende des Films in beiläufiger Form erwähnt.

" *In allen (Ereignissen) sollte eine Entscheidung in einem fernen Land (nämlich das Gewehr zu verschenken) radikale Auswirkungen auf das Leben von Menschen haben, die nie deren Ursache erfahren würden.*" [4]

Inarittu und Arriaga bündeln im Plot die Ereignisse in den vier Ländern Marokko, USA/ Mexiko und Japan zu Sequenzen und verschränken sie miteinander dergestalt, dass es zunächst den Anschein hat, sie hätten nichts miteinander zu tun.

Die vier Erzählstränge sind nach dramaturgischen Gesichtspunkten tatsächlich in sich geschlossen und funktionieren als eigenständige Geschichten. So würde Yussef, einer der marokkanischen Brüder aus seiner Perspektive sagen: die Geschichte handelt davon, wie ich meinen Bruder verlor. Die mexikanische Kinderfrau hingegen: es die Geschichte meiner Abschiebung. Für den Amerikaner wäre es die Geschichte, bei der seine Frau in Marokko fast ums Leben kam. Und Chieko, der japanische Teenager würde behaupten, dass es darum geht, wie sie ihrem Vater nach dem Tod der Mutter wieder näher kommt.

In der Kritik wurde *Babel* oftmals in Verbindung zur Chaostheorie gebracht: Der Schmetterlingseffekt werde im Plot über Kontinente verteilt, die Verbindung von Ursache –Wirkung auch dadurch gekappt. Die einzelnen Erzählstränge entwickelten sich voneinander getrennt weiter, bezögen sich jedoch zum Teil aufeinander.

Katharina Bildhauer widerum zitiert in diesem Zusammenhang auch Deleuze und Guattari, die dieses Vorgehen als rhizomatische Verweis- Struktur bezeichnen [5].

---

[4] Inarittu Alejandro, Babel, S.284
[5] Bildhauer Katharina, Drehbuch reloaded, S. 182 ff

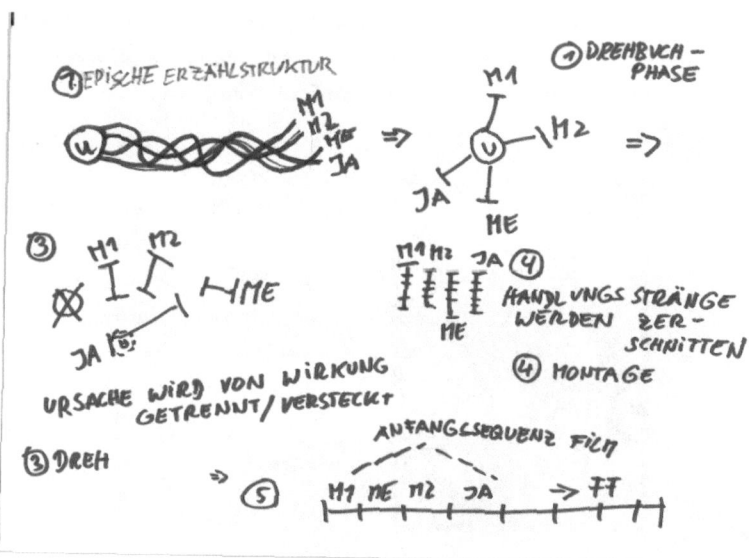

**Clip-Chart-Darstellung der Filmstruktur von *Babel*:**

1. Die Story mit einer Ursache (Schenkung des Gewehres), sowie vier ineinander
   verschränkten Erzählsträngen.

2. Die Drehbuchphase: die Erzählstränge werden unabhängig voneinander
   entwickelt.

3. Die Ursache fällt als Szene für den Plot weg.

4./5. Die Erzählstränge werden nach dem Dreh zu einem Plot montiert, der die
   vier Erzählstränge in Sequenzen aufteilt und nach einer neuen Ordnung wieder
   aneinander fügt.

## 4. Zur Anfangssequenz von *Babel*

Mit vier Sequenzen, die jeweils den Anfang der jeweiligen Handlungsstränge markieren wird, in der Reihenfolge: 1. Marokko, 2. USA, 3. Marokko und 4. Japan in den ersten 26 Minuten das Erzählprinzip von Babel etabliert.

### 1. Marokko
Der Film beginnt im Hinblick auf die Story mit einer Analepse, einem Rücksprung. Wir sind eigentlich schon bei Ereignis 2, bei dem eine Amerikanerin (Cate Blanchett) angeschossen wird. Ereignis 1, die Schenkung, wird ausgelassen

### 2. USA
Es folgt eine Prolepse: Die Ereignisse in den USA liegen eigentlich später.
Das Telefonat kann, folgt man der Story, chronologisch zu diesem Zeitpunkt noch nicht stattfinden.

### 3. Rücksprung zu 1. Marokko
Eigentlich ist diese 3. Sequenz eine Parallelmontage, ein Repetitiv der 1.: Der Schuss wird aus der Perspektive des amerikanischen Ehepaars (Cate Blanchett/ Brad Pitt) noch einmal erzählt.

4. Japan

Die Ereignisse in Japan könnten parallel zu den Ereignissen nach dem Schuss liegen. Eine zeitliche Einordnung ist zu diesem Zeitpunkt im Film nicht möglich.

## 5. Erzählweise

Nachdem nun deutlich wurde wie wichtig es in *Babel* ist, Story und Plot getrennt voneinander zu beleuchten, gehe ich zur Erzählweise über.
Die vier Handlungsstränge werden nach dramaturgischen Gesichtspunkten konventionell erzählt. Es gibt auslösende Momente und Spannungsaufbauten zu einzelnen Höhepunkten hin.

So wird der Zuschauer von der ersten Minute an in die marokkanische Geschichte hinein gezogen, da sie mit dem Verkauf des Gewehres durch einen marokkanischen Nachbarn beginnt, der sich sofort fatal auswirkt. Zwei Kinder und ein Gewehr – dieses Szenario arbeitet mit einer alten Filmkonvention, die damit spielt, dass eine Schusswaffe auf der Leinwand auch zum Einsatz kommt.

Tatsächlich schneidet Inarittu in den ersten vier Sequenzen an den jeweils spannendsten Stellen zur jeweils nächsten Sequenz und es gelingt ihm so, neben dem Erzeugen von Spannung ein Netz zunächst rätselhafter Bedeutungen zu etablieren.
Drehbuchautor und Regisseur haben sich mit der Wirkungsweise multiperspektivischen Erzählens durchaus beschäftigt[6] und die Mittel, den Zuschauer angesichts einer innovativen Erzählstruktur zu fesseln, suchen sie unter anderem in der Logik der konstruktiven Montage, die ihre Ursprünge im sowjetischen Stummfilm hat. [7]

Gerade weil der Plot achronisch erzählt wird, herrscht ein besonderes Bewusstsein in der Aufeinanderfolge scheinbar zusammenhangsloser

---

[6] Inarittu Alejandro, Babel, S. 286
[7] ebenda

Sequenzen. Und konsequent wird mit der Wirkung gespielt, die diese scheinbar zusammenhangslose Aufeinanderfolge auf den Zuschauer hat.

## 1. und 2. Sequenz: Marokko/USA

Mit dem Schuss von Yussef auf den Bus schneidet Inarittu an der spannendsten Stelle der ersten Sequenz heraus in eine vollkommen neue Situation, die mit der vorhergehenden nichts zu tun zu haben scheint, nach San Diego, USA. Aber schon das Telefonat lässt ahnen, dass es eine Verbindung gibt.

## 2. und 3. Sequenz: USA/Marokko

-Es tut mir sehr leid, Sir, beginnt Amelia das Gespräch. Und aus dem Telefonat wird deutlich, dass sich die Kinderfrau länger als geplant um die Kinder der abwesenden Eltern kümmern muss.

Der Gegenschuss wird ausgespart, das heißt, es soll dem Zuschauer nicht verraten werden, mit wem die Kinderfrau telefoniert. Würde es erzählt werden, wäre die Verbindung zwischen Marokko und den USA schon viel klarer: die in den USA lebenden Eltern haben ihre Kinder bei der Kinderfrau gelassen und sind nach Marokko gereist.

Trotzdem, schon hier, von Sequenz 1 auf Sequenz 2 ist es dem Zuschauer möglich, die Verbindung zu erahnen.

## Auf die Rolle der 4. Sequenz in Japan komme ich später zurück.

Für den Filmwissenschaftler David Bordwell liegt es in der menschlichen Natur von Wahrnehmung nebeneinander stehende Ereignisse zu verknüpfen und zu versuchen ihnen einen Sinn zu geben- selbst wenn dieser nicht offenkundig ist[8].

Auf Grund seiner Prämisse, in zwei Bildern, die aufeinander folgen unwillkürlich einen Sinn zu suchen und ein weiteres, drittes damit in Verbindung zu bringen, gelingt es Inarittu und Arriaga in eindrucksvoll, die Sequenzen, wenn auch anfangs nur in subtiler Weise in Beziehung zueinander zu setzen.

---

[8] Bodwell, David, The Visual Style in Cinema, S.175 ff

*„ Über die Identifikation mit den Figuren /.../ hinaus wollte ich eine emotionale Verbindung zum Publikum schaffen und bediente mich /.../ der Dialektik und der Nebeneinanderstellung von visuellen und emotionalen Bildern. „* [9]

Die Verbindungen zwischen den Sequenzen folgen in *Babel* keiner kausalen Logik, sondern werden mit erzählerischen Mitteln wie Anspielungen oder Ahnung gesetzt. Auch arbeiten Inarittu und Arriaga mit Auslassung und Assoziation. Sie halten so in der Schwebe, ob es sich um eine zufällige Reihung von Ereignissen handelt oder nicht

David Bordwell vertritt die These, dass Regisseure und Drehbuchautoren seit den 90er Jahren wieder vermehrt experimentieren. Die Ursprünge dafür seien in der konstruktiven Montage zu finden, die im Zuge alternativer Erzählprinzipien wieder mehr Bedeutung erlangten[10].

## 6. Zusammenfassung

Alejandro Inarittu und Guillermo Arriaga haben nach dem Ursache-Wirkung-Prinzip eine Stoy gebaut und diese in vier Handlungstränge aufgeteilt, die unabhängig voneinander funktionieren. Zerschnitten wurden sie wieder achronisch aneinander gefügt. Die Reihenfolge bruchstückhafter Ereignisse, die widerum in Sequenzen aufgeteilt sind, ist schließlich das, was der Zuschauer auf der Leinwand sieht. Die einzelnen Erzählstränge arbeiten mit dem herkömmlichen Ursache- Wirkungs- Prinzip. Es wird Spannung erzeugt und von Anfang an subtile Verbindungen zwischen den Sequenzen geschaffen.
Spannungsaufbau und subtile Verbindungen:
Das sind die beiden wesentlichen dramaturgischen Mittel um von Anfang an in das Geschehen hinein zu ziehen und das Gefüge zusammen zu halten.
Spätestens als die Amerikanerin (Cate Blanchett) in der 3. Sequenz von einer

---

[9] Inarittu, Alejandro, Babel, S. 286
[10] Bordwell David, The Visual Style to Cinema, S. 178

Kugel getroffen zusammenbricht, wird offensichtlich, dass die Sequenzen 1 und 3 in Verbindung zueinander stehen und es schließt sich ein erster Kreis.

**Japan**

Die vierte Sequenz in Japan allerdings, die mit einem Handballspiel unter Taubstummen beginnt, wirkt als unerwartetes Überraschungsmoment. Nachdem erste Verbindungen etabliert worden sind, scheint sie mit den drei vorangegangenen Sequenzen nichts zu tun zu haben.

Alles ist also noch komplexer als bereits eingeführt und es könnte jetzt beim Zuschauer die Vermutung aufkommen, dass es sich bei *Babel* doch um eine Aneinanderreihung unabhängiger Episoden handelt.

Auf der Handlungsebene bleibt diese Sequenz von den drei anderen auch tatsächlich getrennt. Thematisch jedoch wird ein Bogen zur 1. Sequenz hergestellt.

*„Der einzige Grund, diese drei Filme als Trilogie zu betrachten/.../ ist dass es sich letztendlich um Geschichten von Eltern und Kindern handelt.[11]*

Yussef in Marokko macht ähnlich pubertäre Erfahrungen wie die taubstumme Chieko in Japan. Er beobachtet seine Schwester unerlaubterweise beim Ankleiden und befriedigt sich daraufhin selbst. Chieko in Japan wiederum leidet darunter für „normale" Jungen nicht attraktiv zu sein und provoziert indem sie ein paar von ihnen Einblicke unter ihren Rock gewährt.

Mit der vierten Sequenz, die mit der ersten thematisch wie durch eine Klammer verbunden ist, wird also die Beziehung von Kindern und Erwachsenen als roter Faden etabliert.

---

[11] Inarittu Alejandro, Babel, S. 285

## 7. Deutung

Damit schließe ich die Analyse der Anfangssequenz unter dramaturgischen Gesichtspunkten ab.

Natürlich wurden bis zu diesem Punkt noch weitere Themen eingeführt, die nicht angesprochen werden konnten, zum Beispiel die erste und die dritte Welt, die Vielsprachigkeit und die Sprachlosigkeit und der Gegensatz von Natur und Zivilisation.

Für den Plot gilt von Anfang an: Jede Sequenz erscheint gleich wichtig oder unwichtig. Es gibt keinen stufenweisen Aufbau des Gesamtgeschehens. Jede Perspektive ist gleichwertig. Der Point of view wechselt. Man nennt dies auch systemisches Design: durch den Perspektivwechsel wird die Bedeutung eines Ereignisses für den jeweils anderen offenkundig. Es gibt nicht nur eine Wahrheit und dementsprechend keine utopische oder aufklärerische Zielsetzung.

Die Figuren stoßen von Anfang an Grenzen:

An ideologische, kulturelle, politische. Sie finden sich in Situationen wieder, die sie nicht begreifen können oder zu Entscheidungen zwingen, deren Folgen sie nicht absehen.

Der Vater, der den Söhnen, die untereinander konkurrieren ein Gewehr aushändigt, die Kinderfrau, die sich unter Druck in eine Situation begibt, die ihr mühsam aufgebautes Leben zerstört, die Amerikaner in einer fremden Kultur und Chieko in ihrem taubstummen Kosmos.

Die Menschen im Film sehen sich, obwohl sie alle aktiv sind und handeln mit Situationen konfrontiert, die sie nur bedingt steuern können. Sie sind Ursachen, um nicht zu sagen, fremden Mächten unterworfen, die ihren freien Willen in Frage stellen.

Dass *Babel* trotzdem ein viel diskutiertes, von vielen als zu versöhnlich empfundenes Ende hat, liegt möglicherweise an den Dreharbeiten selbst.

*„Ich wollte die Geschichte mit einer komplexen, universellen Perspektive beginnen, um bis auf die intimste Ebene- zwischen zwei Personen- vorzudringen. /.../ Während die Wochen/.../ vorbeizogen, sorgten die Impressionen aus so vielen verschiedenen Kulturen sowie die physischen*

*und psychischen Anstrengungen dieser Reise dafür, dass ich mich ebenso veränderte wie alle, die an diesem Film beteiligt waren. /.../ Dass wir so viel Menschlichkeit erfuhren, veränderte nicht nur uns sondern auch den Film. Die kulturelle Vielfalt gestaltete den kreativen Prozess um und brachte ein völlig anderes, dem ursprünglichen Ziel entgegengesetztes Ergebnis hervor. (...) Ich entdeckte, dass sich die große menschliche Tragödie auf die Unfähigkeit zu lieben oder geliebt zu werden beschränkt, auf das Unvermögen dieses Gefühl, dass dem Leben und Tode jedes einzelnen Sinn gibt, zu erfahren und von ihm durchdrungen zu werden. So verwandelte sich Babel in einen Film über das, was uns verbindet und nicht über das, was uns trennt.*" [12]

---

[12] Inarittu Alejandro, Babel, S.279

**Videografie**

Inarittu, Alejandro: Babel, USA 2006

**Fotoquelle**

http://www.cinema.de/kino/filmarchiv/film/babel,1325490,ApplicationMovie.html

**Literaturliste**

Bildhauer Kathatina: Drehbuch reloaded, Konstanz 2007

Bordwell David: The Visual Style in Cinema. Erzählen im Kino des 21.
Jahrhunderts, Darmstadt 2006

Inarittu Alejandro: Babel, Köln, 2006